家庭中的 | MONTESSORI
EARLY EDUCATION GAMES IN FAMILY

蒙台梭利早教游戏

0~5岁
儿童优秀性格培养

蒙台梭利丛书编委会/编译

中国妇女出版社

前言

玛丽亚·蒙台梭利博士是意大利第一位女医学博士，是20世纪享誉世界的杰出幼儿教育家。她在实验、观察和研究的基础上，创办了“儿童之家”蒙台梭利学校，创立了给世界教育带来翻天覆地变革的蒙氏幼儿早期教育法。这套早期教育法风靡整个西方世界，对欧美国家的教育和社会发展产生了深刻的影响。

玛丽亚·蒙台梭利博士认为，一直以来，儿童的成长受到了成人的压制，成人在各个方面干涉儿童的自由行动，成人对儿童的教育带有强制性。她提出，成人必须信任儿童内在的力量，因为儿童有一种与生俱来的“内在生命力”，而教育只是为了促进儿童“内在潜能”的发挥。蒙台梭利博士通过观察和在“儿童之家”进行的大量实验，提出了儿童发展敏感期、心理胚胎期、儿童在“工作”中成长等一系列对今天的早期教育仍然影响广泛的理论。

到目前为止，玛丽亚·蒙台梭利博士的著作被翻译成37种文字，蒙台梭利学校遍及110多个国家和地区。

为了更好地使蒙台梭利经典早教理念为广大父母所用，我们策划出版了这套《家庭中的蒙台梭利早教游戏》系列丛书。本套书中的所有游戏都源自蒙台梭利原著，并结合当前实际情况进行了适当调整，配以方便操作参照的插图。希望爸爸妈妈们通过科学、丰富的蒙氏早教游戏，让孩子实现自我教育、自我成长。

参与本书编写的人员有潘飞、王晓冬、张红、陈计华、陈梅、陈伟华、张红英、刘晓艳、杨文泉、陈楠，在此对大家的辛勤付出表示感谢。

蒙台梭利丛书编委会

2013年12月

目录

Part 1 意志与自主纠错 让孩子认识自己

Part2 秩序与纪律 让孩子适应环境

Part3 交友与合作 让孩子融入集体

Part4 精神与道德 让孩子完善自我

Part5 性格与心理 让孩子走上正轨

阅读指导

蒙台梭利认为，孩子具有巨大的潜能，通过练习和游戏，孩子的潜能能够被充分挖掘出来。本套丛书不仅对蒙氏育儿理念进行了详尽的诠释，还有所创新和延伸，是为中国孩子度身定做的属于我们自己的蒙氏早教游戏。

性格培养是蒙氏教育的重要组成部分。《0～5岁儿童优秀性格培养》通过生动、有趣的早教游戏，分别从意志力、秩序感、交友、道德、心理五个方面阐述了蒙台梭利的教育精髓。

对于本书的使用，有如下几点提请爸爸妈妈们注意：

- 在本书的编译过程中，将游戏的难度按孩子的一般发育情况进行了标注。但0～5岁的孩子个体差异较大，相同年龄段的孩子可能会有不同的表现，这都是正常的。重要的是在做游戏的过程中和他一起感受快乐！这也是为何在游戏中没有标明游戏适合年龄的原因。

- 由于每个孩子的成长环境不同，所以游戏里的一些小细节没有必要完全遵守，而可以根据孩子、家庭、环境和爸爸妈妈自己的情况来改变这些细节。爸爸妈妈甚至还可以创新出只属于自己和孩子的游戏。

- 性格是通过行为体现的，具体来说，孩子在与人交往时，最能体现出他的性格特点。因此，书中很多游戏是需要孩子与小朋友一起来做的。这不仅可以培养孩子的优秀性格，也可以使孩子的人际力得以提升，所以需要爸爸妈妈尽量多为孩子提供交友的环境与空间，并在孩子与人交往遇到困难时，给予一定的帮助。

- 最后也是最重要的一点，请和孩子好好享受游戏。不要把游戏看成是一个任务，也不要在孩子刚刚出现一点儿问题的时候就横加干涉。放松身心，全心投入到游戏中来吧！

抓住小手帕

——激发主动性

听一听蒙台梭利怎么说

如果孩子的思路不清晰，他的思维就会停留在杂乱无章的状态中，他的成长将会受到严重阻碍，而无法学会做决定，其意志发展也会停顿不前。有些教师在教育孩子时从来不考虑孩子的内心需求，当孩子表示“我想要”的时候，他们置若罔闻。这种教育方式对孩子初期的意志发展产生了恶劣的影响。孩子长期处在这种氛围中，他会感到自己的行为受一股无形之力的束缚，如果旁边没有可以依赖的人提供帮助，那么在做某件事时，他自己很难做决定。

一次，蒙台梭利见到一位女士问一个孩子：“你知道樱桃是哪种颜色吗？”那个孩子当然知道，但是他却表现得很紧张，完全不知道该怎么回答。最后他小声地说道：“我要问一问老师。”孩子如此胆小，实在是太糟糕了！我们必须明白一点：孩子应该拥有自己的意志，并凭借自己的意志来做决定，这对孩子的成长具有极其重要的意义。我们不仅要让孩子建立起这种意志，还要提升他这方面的能力。

做一做蒙台梭利小游戏

- **游戏名称：** 抓住小手帕
- **难度指数：** ★☆☆☆☆
- **游戏目的：** 激发孩子的主动性

step 1 准备一条柔软、干净的小手帕，在孩子面前慢慢移动，让孩子伸手去抓。

step 2 当孩子做出抓取的动作，并将手帕抓住后，不要急于将手帕抽走，让孩子主动揉一揉、搓一搓，体会一下手帕的感觉。

step 3 当孩子能够轻松抓取手帕后，可以增加手帕的数量，将孩子的两只手调动起来。

step 4 根据孩子的表现逐步增加手帕数量，手帕的颜色也要各不相同，注意观察孩子对哪种颜色的手帕最感兴趣。

蒙台梭利小贴士

- 如果孩子没有抓手帕的意识，父母可以将手帕换成孩子感兴趣的物品，以便激发孩子的主动性。
- 这个游戏除了能够培养孩子的主动性外，还能训练孩子双手的灵巧性，并激发他的色彩感官能力。

选择哪一个

——练习自主选择

做一做蒙台梭利小游戏

- **游戏名称：** 选择哪一个
- **难度指数：** ★☆☆☆☆
- **游戏目的：** 激发孩子的自主意识，练习自主选择

step 1 准备一些不同的物品，如玩具、画册、帽子、水杯等。

step 2 将这些物品摆放在孩子面前，让他从中任意选择一样东西。父母可以对孩子说：“宝贝，你喜欢哪一个？把它挑出来。”仔细观察孩子拿到物品后的表现。

step 3 将孩子挑出来的物品混在其他物品中，再次让孩子选择，同时观察孩子的表现。用不同的物品反复练习，让孩子学会选择。

蒙台梭利小贴士

- 这个游戏非常适合1岁左右的孩子玩，既可以提高孩子的自主选择能力，而且还能够扩展孩子的生活认知。
- 当孩子对这个游戏熟悉后，父母还可以让孩子同时选择两种或更多物品，让孩子的选择变得有目的性。

橡皮泥变身

——训练耐心

听一听蒙台梭利怎么说

行动体现出一个人的意志。无论是走路、说话、工作，还是全神贯注地观察某一事物或闭上眼回避某种事物，人的意志都表现在这些行动中。不仅如此，人的某些行为还会受到意志的控制和引导。例如，当一个人感觉愤怒的时候，意志会控制他的冲动行为，让他慢慢冷静下来，理智地思考问题。

如果不借助行动，那么人的意志也无从体现。其实，这种情况在我们的生活中并不少见，我们有时会见到一些想要做某件事却犹豫不决的人，还有一些想要拜访朋友却无动于衷的人，这些人的意志只是停留在空想的范畴内，所以他们不会有实实在在的行动。请记住，如果意志不表现在行动上，那么我们将会一事无成。因此，在培养孩子的意志时，我们要结合行动，让孩子学会用行动来体现自己的意志。

下面这些游戏能够磨炼孩子的意志，培养孩子的耐心，让孩子拥有克服困难的勇气。

做一做蒙台梭利小游戏

- **游戏名称：**橡皮泥变身
- **难度指数：**★★☆☆☆
- **游戏目的：**提高孩子的动手能力，训练孩子的耐心

step 1 准备一套颜色各异的橡皮泥，让孩子观察一下身边的物品，选定一个模板，然后用橡皮泥捏出来。

step 2 让孩子独自完成制作，父母只提供引导性建议即可，不要动手帮孩子完成。

step 3 当孩子做完一个模型后，要给予孩子一定鼓励。如果孩子兴趣正浓，父母可以让孩子根据自己的喜好继续制作其他物品。

蒙台梭利小贴士

- 父母可以和孩子一起玩这个游戏，或者让孩子和小伙伴一起玩儿，这样既能增加游戏的趣味性，还可以增进孩子和家人、朋友的感情。
- 在孩子制作过程中，父母不要随意打断孩子的进程，以免消减孩子的积极性。游戏结束后，请孩子将橡皮泥整理好，并认真清洗双手。

图片拼一拼 ——勇敢面对困难

做一做蒙台梭利小游戏

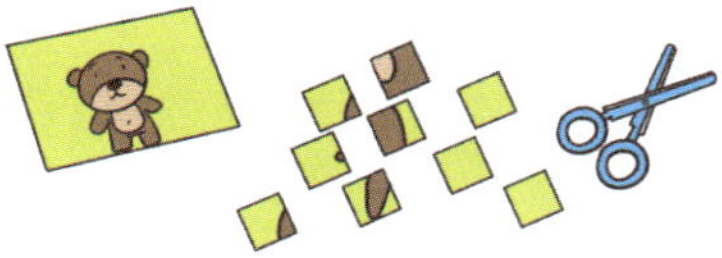

- **游戏名称：** 图片拼一拼
- **难度指数：** ★★☆☆☆
- **游戏目的：** 调动孩子的思维，让孩子学会克服困难

step 1 准备两张一模一样的卡通图片，图片内容不要太复杂，最好是孩子感兴趣的。

step 2 将其中一张图片裁成大小相同、形状规则的小图片，然后将这些小图片打乱顺序。

step 3 将完好的图片交给孩子，让他一边观察一边把混乱的小图片拼好。

step 4 当孩子顺利拼出后，将完整的图片收起来，再次打乱小图片，然后让孩子在没有参考图的情况下拼图，直到拼好为止。

蒙台梭利小贴士

- 如果孩子在拼图的过程中遇到困难，父母可以鼓励孩子并给予一定的指导和帮助，但是不要动手替他拼，那样就达不到训练目的了。
- 父母可以根据孩子的表现适当增加游戏难度，如选择场景丰富的图片，或者将图片裁成不规则的形状，这样能够进一步提升孩子克服困难的能力。

从头到尾
——发掘坚强意志

听一听蒙台梭利怎么说

意志是一种力量，用心培养孩子的意志力，那么他的意志力会慢慢变得坚强。这个时候，我们需要探讨一个更高层次的问题：如何让坚强的意志发挥出巨大作用？许多人在教育孩子的时候，常常会用下面这个例子向孩子展示意志的力量。

维托里奥·阿尔费里直到晚年都没有放弃自学。学习刚开始的时候是非常枯燥的，而他却凭借自己顽强的毅力克服了困难。尽管他当时已经是上流社会的一员，但是他依旧坚持学习拉丁语，最终跻身著名文学家的行列，并成为一名了不起的诗人。当人们好奇地问他是如何做到这种转变的时候，他回答：“我坚持，不懈地坚持，全力以赴地坚持。”这句话成了一句至理名言，被意大利许多教师引用到了教学当中。

我们之所以注重培养孩子的意志，就是希望他们能拥有这种坚持不懈的强大力量，让自己的生活变得充实，专心致志地学习、奋斗，向着伟人的目标前进。

做一做蒙台梭利小游戏

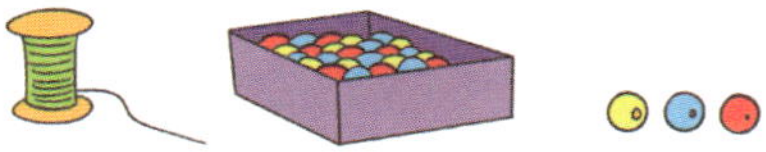

- **游戏名称：** 从头到尾
- **难度指数：** ★★★☆☆
- **游戏目的：** 让孩子养成善始善终的好习惯，发掘孩子坚强的意志

step 1 准备一卷线和若干三种颜色的、带孔洞的珠子，例如红、黄、蓝。每种颜色的珠子孔洞大小不同，线的粗细要以能从孔洞最小的珠子中穿过为准。

step 2 先让孩子穿一颗孔洞最大的珠子，然后是一颗孔洞中等的珠子，最后是一颗孔洞最小的珠子。

step 3 让孩子按照孔洞大、中、小的顺序依次来穿珠子，直到孩子将所有的珠子穿完为止。

step 4 让孩子将穿好的珠子首尾相连，系在一起，然后放回盒子，并将所有的物品整理好。

蒙台梭利小贴士

- 多准备一些珠子，尤其是孔洞最小的珠子，这样可以增加游戏难度，磨炼孩子的意志力。
- 如果孩子在中途想要放弃，父母要及时给予鼓励，让孩子将所有的珠子穿完；如果孩子无法将线从珠子中穿过，父母也不要出手帮忙，而是让孩子自己想办法解决。

我画你猜
——全面提升意志力

听一听蒙台梭利怎么说

孩子内心有一种自我发展的潜能，这种潜能帮助他们成长，让他们拥有拯救自己的能力。在这种潜能的引导下，孩子渴望触摸、认识周围的事物，然而有些成人却对他们说：“别动！”当孩子们为了走得更稳健而练习奔跑时，成人却喊道：“别跑！”当孩子们想通过提问获取知识时，成人却烦躁地嚷道：“别烦！”在有些成人看来，让孩子待在自己身边，按照自己的要求来做事，给孩子一些玩具，无论他们是否喜欢，这样就算是对孩子负责了。然而事实并非如此。

父母在用维托里奥·阿尔费里的故事培养孩子的意志时，却又用自己的权威来命令孩子做这做那，事实上，这是在阻碍孩子的意志发展。在这里，蒙台梭利要对所有的父母和教育工作者说，别给孩子的发展设置障碍，你们所要负责的工作是保护和引导孩子的能力，让孩子在潜能中发展自己的意志。

做一做蒙台梭利小游戏

- **游戏名称：**我画你猜
- **难度指数：**★★★☆☆
- **游戏目的：**发掘孩子的潜能，全面提升孩子的意志力

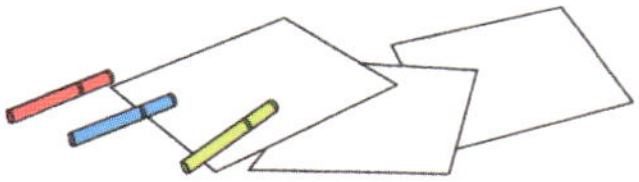

step 1 准备一套彩笔和几张白纸，模仿身边的物品，在纸上画一些简单的图案。例如，圆形、正方形、长方形等。

step 2 让孩子发挥自己的想象力，猜一猜这些图案像什么。然后让孩子仔细观察身边的物品，看看能不能找出形状相似的物品。

step 3 用不同颜色的笔，模仿身边的物品画一些比较复杂的组合图形，让孩子发挥想象力猜测它们是什么。

step 4 可以和孩子互相交换角色，孩子来画，父母来猜。

蒙台梭利小贴士

- 无论孩子猜测的物品是什么，都让他说一说自己的理由，这样有助于激发孩子的潜能。
- 游戏结束后，让孩子亲自触摸、认识身边的事物，加深孩子的认知能力。此外，在平时的生活中，尽可能让孩子主动接触周围的事物，不要刻意束缚孩子。

给卡片配对

——在练习中认识错误

听一听蒙台梭利怎么说

犯错，是每个人成长过程中都会遇到的问题。它是一个客观存在的事实，我们必须承认它，并且用正确的态度来看待它。在成长的过程中，许多错误都会慢慢得到纠正，就像孩子学习走路一样，在经历了一些错误之后，最终掌握了走路的本领。如果有人声称自己完美无缺，那么只能说他在自欺欺人。他之所以有这种想法，是因为他没有意识到自己的错误，因此也就谈不上改正错误了。

每个人都应该认识到这一点：错误出现在生活中的任何角落，如果想要达到完美的境界，就要认识到自己的错误，并及时采取措施纠正，这样才能不断完善自我。在蒙台梭利学校里有这样一条原则：最重要的事情并不是改正错误，而是先将自己的错误辨识清楚。因此，指导孩子认识错误在其成长过程中具有重要意义。

做一做蒙台梭利小游戏

- **游戏名称：**给卡片配对
- **难度指数：**★★★☆☆
- **游戏目的：**通过配对，让孩子发现错误、认识错误

step 1 准备两套扑克牌，从其中一套里挑选出 10 张牌（要保证四种花色都被选到），然后将其他牌混杂在一起。

step 2 将 10 张扑克牌交给孩子，让他从混杂的牌中挑选出正确的花色与数字，和手中的牌配对。

step 3 当孩子给牌配好对后，父母搭配剩下的牌，并故意将数字相同但花色不同的牌两两搭配，或者将花色相同但数字不同的牌配对，但其中要混有搭配正确的牌。

step 4 让孩子从中选出搭配正确的牌，同时说一说其他牌错在了哪里。

蒙台梭利小贴士

- 在刚开始玩这个游戏时可以不用全套的牌，只取其中一部分就可以。根据孩子的表现，逐步增加牌的数量，慢慢提高游戏难度。

对比找不同

——提高辨别错误的能力

做一做蒙台梭利小游戏

- **游戏名称：** 对比找不同
- **难度指数：** ★★★★☆
- **游戏目的：** 通过对比分辨错误，同时提高观察力

step 1 准备两套形状相同，但个别颜色有差异的积木。

step 2 用两套积木分别摆两个场景，要求场景大体相同，但其中一些细节稍有不同，如某个积木的颜色不一样，或某处所用的积木大小、形状不同。

step 3 以其中一组积木为主，让孩子认真观察另一组积木，找出它有哪些地方与第一组积木不同。

蒙台梭利小贴士

- 除了积木，父母还可以用生活中其他比较常见的物品来做这个游戏，这样还可以引导孩子认识生活中的其他事物。
- 起初，游戏场景布置得简单一些，然后根据孩子的实际表现慢慢丰富场景，逐步提升游戏难度。
- 做完游戏后，提醒孩子将所有物品整理好，养成良好的生活习惯。

按命令行事

——学会分辨错误

听一听蒙台梭利怎么说

为了让孩子学会自主发现错误，进而学会改正错误，蒙台梭利学校的老师经常会在日常生活中设计一些明显的错误，以便提高孩子自主纠错的能力。这对孩子的个性发展有着至关重要的作用。

一次，大家做“按命令行事”的游戏，一个小女孩接到的命令为：“到外面去，把门关上，再返回这里。”小女孩将这句话非常认真地研究了一番，并按照指令行动。然而她很快就跑回来，向老师提出了疑问：“要是我关上了门，那我该如何回来呢？”老师想了想，认真地回答小女孩：“嗯，你说得很有道理，是我错了。”于是老师将“命令”做了修改。小女孩确定新命令没有问题后，开心地说：“这下我就能将它完成了。”这充分展现出了孩子的纠错能力，并帮助孩子学会了如何改正错误。

做一做蒙台梭利小游戏

- **游戏名称：**按命令行事
- **难度指数：**★★★★☆
- **游戏目的：**让孩子学会分辨错误，提高自主纠错能力

step 1 将事情正常的发展过程告诉孩子，让他对正确的事有所了解。

step 2 设置一个带有明显错误的指令，如“将窗帘拉上，让阳光照进屋子里”“将水杯里的脏水倒掉，然后盖上盖子，接一杯干净的水”，等等。

step 3 把指令传达给孩子，不要给孩子任何提示，让他独自思考、行动。

step 4 如果孩子发现了错误，并提出了疑问，父母要及时改正，然后再鼓励孩子按照正确的命令行事。

蒙台梭利小贴士

- 这个小游戏很随意，可以随时用来在日常生活中与孩子互动，这样更有助于提高孩子的纠错能力。
- 父母可以设置一些简单的指令，让孩子反复练习，这样能收到良好的效果。如果孩子没有意识到命令中的错误，也不要指责或惩罚孩子，以免打消孩子的积极性。

我是小老师

——能够主动改正错误

做一做蒙台梭利小游戏

- **游戏名称：** 我是小老师
- **难度指数：** ★★★★★
- **游戏目的：** 让孩子学会主动改正错误

step 1 准备一些认知卡片，让孩子扮演老师的角色，父母扮演学生的角色。

step 2 让孩子任意选取其中一张卡片，例如小鸟，然后父母对卡片进行描述：“小鸟在水里游泳，对吗？”

step 3 请孩子判断正误，如果正确，就回答：“你说得对。”如果错误，就回答：“不对，不对，小鸟应该在天上飞翔。”

step 4 如果孩子判断错误，父母就用同样的方式来纠正孩子的错误。

蒙台梭利小贴士

- 为了方便孩子判断正误，父母最好选择孩子熟悉的事物。
- 在游戏过程中，不仅要让孩子指出错误，还要让他说出纠正错误的办法。反复玩这个游戏，既可以让孩子学会主动改正错误，还可以训练他的表达能力。

布置房间——激发秩序感

听一听蒙台梭利怎么说

在成人的眼中，孩子看起来似乎是没有秩序感的。事实上，这种观点是片面且错误的。要知道，孩子从出生后第一年开始，就进入了一段神秘的时期。这段时期通常会持续到孩子两岁。在此期间，孩子对秩序表现得非常敏感，因此我们将这一时期称为“秩序敏感期”。

孩子所处的环境是封闭的，里面充满了各种各样的物品。每当成人移动这些物品时，处于秩序敏感期的孩子就会变得焦躁不安，因为他们无法理解成人的行为。大家可以回想一下，自己的孩子有时是不是会莫名其妙地哭泣，无论成人怎么抚慰都无济于事？其实，这就是孩子对秩序的反应。我们必须认识到这一点：只有当某些东西处于“恰当”位置的时候，孩子才会变得开心。所以，成人在照料孩子的时候，要把握孩子的秩序敏感期，不仅要为孩子创造舒适的生活环境，还要适当引导孩子的行为，培养孩子的秩序感。

做一做蒙台梭利小游戏

- **游戏名称：**布置房间
- **难度指数：**★☆☆☆☆
- **游戏目的：**激发孩子的秩序感

step 1 将屋内常见的一些物品收在一起，例如抱枕、玩偶等。

step 2 让孩子观察一下房间，然后让他按照自己的想法将这些物品放在合适的地方。

step 3 等房间布置完毕，适当对孩子的行为表示鼓励，并让他说一说自己摆放的理由。

蒙台梭利小贴士

- 这个游戏比较随意，非常适合在房间凌乱的时候来做，既可以激发孩子的秩序感，又能够让孩子养成良好的生活习惯。

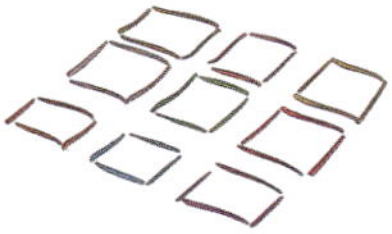

跳彩格

——听懂指令

做一做蒙台梭利小游戏

- **游戏名称：** 跳彩格
- **难度指数：** ★☆☆☆☆
- **游戏目的：** 让孩子听懂指令

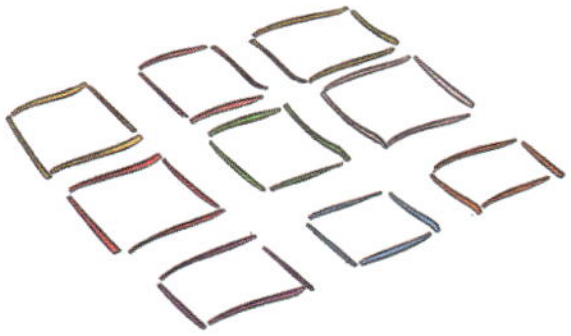

step 1 准备一些彩色的绳子，找一块空地，用绳子在空地上围几个方格，大小要容得下孩子的双脚。

step 2 向孩子发出指令：“跳到红色的方格中。”然后让孩子根据指令做动作。

step 3 当孩子熟悉这个游戏后，父母可以适当调整指令，例如：单腿跳入蓝色的方格中，跳入绿色的方格后举起右手，等等。

step 4 父母可以和孩子互换角色，增加游戏趣味性。

蒙台梭利小贴士

- 这个游戏很随意，既适合在室外玩儿，也可以在室内玩儿。公园中有些地砖的颜色和形状各不相同，父母还可以利用这些地砖来和孩子做这个游戏，十分方便。
- 指令变化不要太快，以免孩子来不及调整动作而摔伤、扭伤。在做游戏之前，要让孩子穿上舒适的鞋。

小车轮流跑

——培养社会秩序感

听一听蒙台梭利怎么说

如果孩子得到的东西超出了他们所能承受的范围，那么他们就会陷入混乱状态。所以，在“儿童之家”，就算孩子很多，我们也不会提供太多的物品，通常每种物品只提供一件。如果这件物品正被某个孩子使用，那么其他孩子只能等前一个人用完后才能使用。通过这种方式，孩子慢慢养成一种习惯，并学会了一种好品质——耐心。

当世界其他地方的孩子为了某个物品而你争我夺的时候，我们的孩子却可以耐心地等待，这令许多人感到吃惊。而孩子之所以如此听话，正是因为他们以自己的经验为基础，逐渐养成了耐心的好习惯。在“儿童之家”，我们只是给孩子提供了一个自由成长的空间。

社会不可能按照某个人单独的想法来运转，它集合了大众各式各样的行为，形成了一个协调的整体。要想让孩子长大后适应社会，我们就要培养他们的社会秩序感，而重复、等待就是促进孩子心灵成长的好方式。

做一做蒙台梭利小游戏

- **游戏名称：** 小车轮流跑
- **难度指数：** ★★☆☆☆
- **游戏目的：** 培养孩子的社会秩序感

step 1 给大家编上序号，请每个人记住自己的号码。

step 2 准备一辆玩具汽车，然后向大家说明规则：“小汽车要在 1 号停车场休息 1 分钟，然后跑到 2 号停车场。按秩序来，不能乱抢。”

step 3 每个人拥有小汽车的时间长短不同，让孩子在这个过程中学会等待。

step 4 为了增加游戏乐趣，可以模拟一些场景，例如，汽车的轮胎坏了，需要在 2 号停车场修理 3 分钟，请 3 号耐心等待。

蒙台梭利小贴士

- 这个游戏适合家人或几个小朋友一起玩儿。
- 小汽车不一定按照正常的序号顺序传递，可以根据孩子的表现适当调整。
- 在玩儿这个游戏的时候，也可以用孩子感兴趣的其他物品来代替小汽车。

小闹钟嘀嗒

——认识特定的时间

做一做蒙台梭利小游戏

- **游戏名称：**小闹钟嘀嗒
- **难度指数：**★★☆☆☆
- **游戏目的：**让孩子认识特定的时间，培养良好的时间观念

step 1 准备一个闹钟，先将闹钟的响铃时间定在 7 点。

step 2 和孩子一起躺在床上假装睡觉，闹钟响起时，对孩子说："7 点了，该起床啦！"然后和孩子一起起床。

step 3 将闹钟的铃声定在 8 点，先让孩子玩几分钟，当铃声响起时对他说："8 点了，我们来吃饭。"

step 4 用同样的方法设定午餐、午觉、午睡起床、晚餐、晚上睡觉等时间，让孩子在特定的时间段内做相关的事情。

蒙台梭利小贴士

- 这个游戏适合父母和孩子一起玩儿，模式和过家家一样。
- 游戏中的时间以孩子的日常作息为准。除了做游戏外，平时也可以用闹钟设置固定的时间，这有助于培养孩子的时间观念，形成良好的时间秩序。

我们去购物

——发掘内部秩序感

听一听蒙台梭利怎么说

孩子的秩序感有两种表现：一种与外部环境有关，即外部秩序感；另一种与孩子的身体有关，即内部秩序感。通过对孩子的行为活动进行研究发现，孩子身上潜藏着强大的内部秩序感。通过下面这个例子，大家就可以体会到这一点。

一位保姆在离开之前请来一位新保姆接手自己的工作。这位新保姆十分能干，可唯有一件事做不好，就是给孩子洗澡。每次洗澡孩子都会哭闹不停。这种状况一直持续到原来那位保姆回来，孩子才恢复了正常。原来的保姆发现，给孩子洗澡的动作与那位新保姆的不同，孩子感受到了身体上的变化，内部秩序被打乱，于是就用哭闹来表达自己的不满。

由此看出，秩序感是孩子的一种本能，体现出孩子洞察能力的高低，对孩子的意识形成和心理发展具有重要意义。因此，我们要采取正确的方式来发掘、引导和培养孩子的内部秩序感。

做一做蒙台梭利小游戏

- **游戏名称：**我们去购物
- **难度指数：**★★★☆☆
- **游戏目的：**发掘孩子的内部秩序感

step 1 在购物之前，和孩子一起翻阅超市的海报，确定要买哪些物品。

step 2 给孩子准备一个容易携带的小本子，将要买的物品图片剪下来，让孩子贴在本子上。

step 3 购物的时候，让孩子按照本子上的图片来挑选物品，并将这些物品整齐地放在购物车中。

step 4 选好东西以后，让孩子核对一下购物车中的物品，确认无误后，和孩子一起排队结账。

蒙台梭利小贴士

- 这个游戏非常适合在购物时玩儿，父母平时可以适当收集一些超市海报，充分利用生活中常见的事物来培养孩子的秩序感。
- 经常玩这个游戏，除了能发掘孩子的内部秩序感外，还有助于孩子形成条理性的思维。

混搭的衣服

——合理引导秩序感

做一做蒙台梭利小游戏

- **游戏名称：** 混搭的衣服
- **难度指数：** ★★★☆☆
- **游戏目的：** 合理引导孩子的秩序感

step 1 准备几件家人常穿的衣服，将这些衣服混搭在一起。例如，孩子的上衣和爸爸的裤子搭配在一起，妈妈的外套和孩子的裙子搭配在一起，等等。

step 2 让孩子认真观察这些衣服，同时向孩子提问：“宝宝平时穿上衣的时候，还会穿什么？”然后让孩子重新搭配衣服。

step 3 衣服搭配完毕后，和孩子一起穿衣服，一边穿一边告诉孩子穿衣顺序。例如，先穿小背心，再穿大外套。

step 4 当孩子穿好衣服后，再按顺序将衣服脱下来，同样一边脱一边告诉孩子脱衣顺序。

蒙台梭利小贴士

- 这个游戏还适合在整理衣服的时候玩儿，既培养了孩子的秩序感，又训练了他的生活能力。
- 游戏结束后，和孩子一起将衣服整理好。

排柱子游戏

——加强秩序感

做一做蒙台梭利小游戏

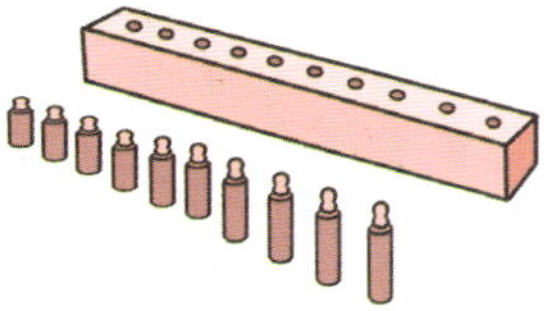

- **游戏名称：** 排柱子游戏
- **难度指数：** ★★★☆☆
- **游戏目的：** 加强孩子的秩序感，同时提高孩子的理解力

step 1 准备一套高度不同、直径相同的插座圆柱体教具。将所有的圆柱体从底座上取下来，随意混在一起。

step 2 让孩子重新整理这些圆柱体，按照从高到低或从低到高的顺序将圆柱体排列好。

step 3 再让孩子将圆柱体放入底座中，按照底座的深浅来放。

step 4 让孩子一边玩一边观察圆柱体的变化，直到将所有的圆柱体放入对应的底座中为止。

蒙台梭利小贴士

- 如果将圆柱体按照顺序放入底座中，那么最终所有的圆柱体会保持在同一高度。一旦有一个放错，很容易凸显出来。因此，经常玩这个游戏，不仅能加强孩子的秩序感，还有助于他主动识别并改正错误。
- 让孩子独立完成这个游戏，不要向他提供多余的帮助。

小体操游戏

——唤醒纪律性

听一听蒙台梭利怎么说

每个人都应该明白，纪律性并不是一种与生俱来的能力，而是经过后天培养形成的。当孩子面对自己感兴趣的事物时，他们可以集中注意力，这表明他们的内心已经形成了这种纪律性。随着这种纪律性的发展壮大，孩子就可以独自克服一些困难了。

当3岁的孩子刚刚被送入学校时，我们发现他们将自己的本性藏入了内心深处，表现出懒散、不服从、表达不合理等浅薄的个性。事实上，孩子正等待我们将他们内心的安静、平和等纪律性唤醒。作为教育者，我们应该为孩子们创造充足的精神空间，让他们能够有一个良好的发展机会。

做一做蒙台梭利小游戏

- **游戏名称：** 小体操游戏
- **难度指数：** ★★★☆☆
- **游戏目的：** 唤醒孩子的纪律性

step 1 挑选一块空地，放一段欢快的音乐，和孩子一起做小体操。

step 2 先练习原地踏步，一边踏步一边喊口号。做完两个八拍的踏步后，指导孩子做一些简单的伸展动作，每个动作做四个八拍。

step 3 在游戏过程中可以加入一些轻快的歌谣，增加游戏的趣味性。

蒙台梭利小贴士

- 这个游戏既可以在家里做，也可以在户外做，参与的小朋友越多，游戏效果越好。
- 这个游戏比较随意，父母可以根据实际情况来制定相关的规则，经常练习有助于激发孩子的纪律性。

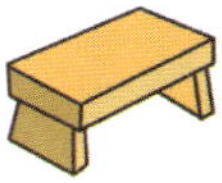

排排坐

——了解纪律和自由

做一做蒙台梭利小游戏

- **游戏名称：** 排排坐
- **难度指数：** ★★★★☆
- **游戏目的：** 让孩子了解什么是纪律、什么是自由，激发孩子内在的纪律感

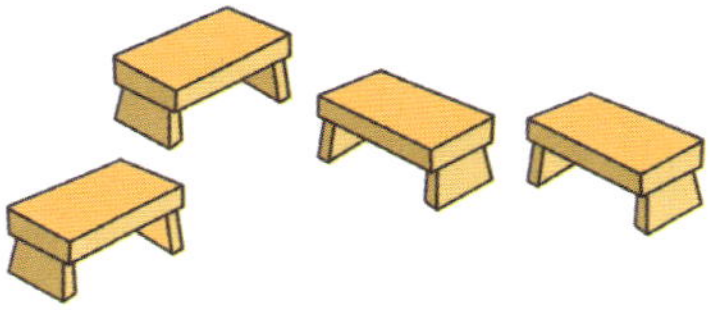

step 1 在房间内摆两排小板凳，板凳数量和小朋友数量相同。

step 2 向孩子发出指令：“大家分成两排，坐在板凳上。”

step 3 当孩子坐好后，继续下达指令：“大家拿起小板凳，排成一排。”让孩子按照要求多变换几种队形。

step 4 让孩子自由变换队形，随便坐，最后再让孩子排成一排坐好。

蒙台梭利小贴士

- 这个游戏适合几个小朋友一起来玩儿。
- 父母可以根据孩子的表现适时调整游戏难度，例如，在游戏中加入寻找物品的环节，让孩子在规定的时间内自由活动，等等。将纪律和自由穿插在一起，更有助于激发孩子内在的纪律感。

屋里静悄悄

——训练服从力

听一听蒙台梭利怎么说

随着心理发展日趋成熟，孩子的服从意识也慢慢展现出来。通过研究发现，孩子的服从意识通常要经历三个阶段。

第一个阶段，孩子的服从意识反复无常，有时候看起来很听话，有时候却相反。这一点在3岁以下的孩子身上表现得比较明显，一旦感觉命令和自己内心的需求不相符，他们就不会轻易服从。第二个阶段，孩子可以控制好自己，自由地服从命令。这一阶段，孩子的服从意识上升到一个比较高的层次，能够领会他人的意图，但是还需要继续向前发展。第三个阶段，孩子能够接受他人的命令，但行为表现得很急躁。这时候，孩子的服从意识已处于很高的水平，并能够立即执行他人的命令，但是需要掌握自控能力。

对孩子不同阶段的服从意识有所了解，我们就可以采取恰当的方式来引导孩子，使之沿着正确的方向发展。

做一做蒙台梭利小游戏

- **游戏名称：** 屋里静悄悄
- **难度指数：** ★★★★☆
- **游戏目的：** 训练孩子的服从力

step 1 准备一些会发出声音的物品，如电视、八音盒、带声响的玩具等，将这些物品分别放在客厅的各个角落。

step 2 陆续打开电视、八音盒、带声响的玩具等物品，让客厅里充满各种各样的声音。

step 3 双手捂住耳朵，对孩子说：“哎呀，太吵了，快把电视关上。”用同样的方法让孩子关闭其他物品。

step 4 当客厅安静下来后，对孩子说：“安静真好，闭上眼睛，谁也不说话，我们一起享受安静。”让安静持续一段时间，直到宣布游戏结束。

蒙台梭利小贴士

- 这个游戏还可以在生活中延伸变化，当孩子将房间搞得一团糟时，父母可以用同样的方法来引导孩子整理物品。

看谁做得像

——在模仿中学会服从

做一做蒙台梭利小游戏

- **游戏名称：** 看谁做得像
- **难度指数：** ★★★★★
- **游戏目的：** 让孩子通过模仿学会服从

step 1 和孩子并排站在镜子前，父母做一个简单的动作，例如伸懒腰，然后让孩子模仿。

step 2 和孩子互换角色，让孩子做一个动作，父母来模仿。

step 3 当孩子熟悉这个游戏后，加入一些生活中常见的指令，例如开门、扫地、穿衣等。

step 4 将几个指令连起来，做一套连续的动作，然后让孩子模仿。同样，孩子也可以做一套动作，让父母来模仿。

蒙台梭利小贴士

- 起初游戏难度不要太高，以免打消孩子的积极性。
- 如果孩子无法完成连续的动作，父母可以适当分解动作，让孩子循序渐进地完成模仿。
- 为了增加游戏乐趣，父母还可以在游戏中加入一些有趣的歌谣。

小小指挥官

——提高服从意识

做一做蒙台梭利小游戏

- **游戏名称：**小小指挥官
- **难度指数：**★★★★★
- **游戏目的：**克制孩子的急躁行为，提高孩子的服从意识

step 1 先在家中设置一些场景，例如，将卧室的门打开，将玩具散落在地上，把电视打开等。

step 2 向孩子发出指令：“将电视关上后，再把地上的玩具捡起来。”然后让孩子按照指令的先后顺序来做事。

step 3 和孩子互换角色，由孩子发出两个或几个指令，父母来执行。

蒙台梭利小贴士

- 这个游戏非常适合几个小朋友一起来做，除了克制孩子的急躁行为外，还能提高孩子的合作意识。
- 父母可以打乱指令的先后顺序，例如，请把地上的玩具捡起来，再将电视关上。这样的指令可以培养孩子的思维能力，让孩子做事有条理。

我们都是好朋友

——摆脱年龄束缚

听一听蒙台梭利怎么说

不得不说，用年龄将人划分为不同的群体是一种十分冷酷的行为，而且这种做法有失人性。社会生活之所以会充满魅力，一个主要的原因就是我们能接触到各种各样的人。对于孩子来说同样如此，如果用年龄来分隔孩子，不仅会将他们之间的社会联系打断，而且还会使他们错失许多相互学习的机会。

很多学校会按照性别、年龄来给孩子分班，这种做法在无形之中为孩子的意识发展制造了巨大障碍。要知道，让5岁的孩子来指导3岁的孩子所起到的学习效果，往往比我们成人对3岁孩子起到的效果要好，因为孩子的思想更为接近。此外，成人还必须明白一点，孩子可以形成多样化的性格，年龄在其中起着重要作用。因此，我们应该尽可能让不同年龄的孩子互相接触。

做一做蒙台梭利小游戏

- **游戏名称：**我们都是好朋友
- **难度指数：**★☆☆☆☆
- **游戏目的：**让孩子和不同年龄的小朋友打成一片

step 1 这个游戏比较随意，闲暇之时，带孩子到小朋友们经常聚集的地方，如公园、小区广场等。

step 2 鼓励孩子和不同年龄的小朋友打招呼，互相介绍一下自己。

step 3 当孩子和其他小朋友熟识后，鼓励孩子和大家一起玩儿。

蒙台梭利小贴士

- 如果孩子不好意思和其他人玩儿，父母不要强迫孩子，可以和孩子谈一谈，找出原因后采取相应的办法来消除孩子的心理障碍。
- 让孩子主动接触不同年龄的孩子，不要用年龄来给孩子划分朋友群。

捉迷藏

——抑制冲动行为

听一听蒙台梭利怎么说

由于孩子的生命发展还处于不平衡的状态中，所以在成人看来，他们的行为总是很冲动。这个时候，孩子的意志还处于“融合”与“适应”状态，这是人最基本的发展，我们应该及时把握这个机会，用恰当的方式引导孩子的积极行为。当然，我们这么做的目的是为了训练孩子的意志，让他们在抑制和冲动之间构成一种和谐关系。

这其中，最有效的方法就是让孩子融入其他小朋友的活动中，并集中精神完成某项工作。只有让孩子通过自由交往，在相互接触中学会适应彼此，他们的意志才会得到良好的发展，才能有效地控制自己的冲动行为。试想一下，如果我们禁止孩子活动，只命令他们呆坐在一边，他们之间还能建立起必要的联系吗？他们的社会生活能得到发展吗？因此，我们应该摒弃这种做法，不能一味地向孩子说教，而是让他们融入集体。

做一做蒙台梭利小游戏

- **游戏名称：**捉迷藏
- **难度指数：**★☆☆☆☆
- **游戏目的：**抑制孩子的冲动行为

step 1 挑选一个小朋友来找人，将他的眼睛蒙起来，然后从 1 数到 50。

step 2 其他孩子每个都要假扮一样物品，藏到合适的地方。例如：扮作电视，藏在客厅；扮作枕头，藏在卧室。

step 3 负责找人的小朋友每找到一个人，都要说出他扮演的是什么，猜对就算赢了。

蒙台梭利小贴士

- 这个游戏适合几个小朋友一起来玩儿。
- 这个游戏和普通的捉迷藏不同，即使孩子一眼就看到了对方，也要耐心地猜测对方的“身份”，猜对才算找到人。这样能抑制孩子的冲动行为，让孩子变得有耐心，而且还能培养孩子的想象力。

肃静游戏

——能够融入集体

听一听蒙台梭利怎么说

集体意识是自然的产物，它既不是由竞争产生的，也不是通过灌输的方式获得的，而是孩子根据自身的努力发展得来的。在成长过程中，孩子会逐渐意识到自己的行为属于社会群体的一部分，并一心一意地投入到自己的活动中去。一旦孩子的意识发展到这种较高的水平，他们的行为就会慢慢脱离漫无目的的圈子，进而懂得将自身的利益和群体利益联系在一起。

在我们学校，“肃静游戏”是培养孩子集体意识常用的方法。在这个游戏中，所有的孩子都要保持肃静，呈现出整体安静的状态。如果有一个人发出声响，那么安静就会被打破。在这种状态下，孩子的群体意识就形成了。经过反复练习我们发现，孩子的群体意识越来越强，能够更长时间地保持肃静状态。通过游戏的锻炼，孩子组成了一个非常优秀的集体。

做一做蒙台梭利小游戏

- **游戏名称：** 肃静游戏
- **难度指数：** ★★☆☆☆
- **游戏目的：** 让孩子学会融入集体

step 1 先让孩子们在房间内自由走动、说话，然后父母下达指令："嘘，嘴巴不说话了。"孩子可以继续走动，但是不能说话。

step 2 父母接着说："听，脚步声没有了。大家都坐下来。"

step 3 当孩子们都坐好后，轻声说："大家一起闭上眼睛，听一听周围的声音。"让孩子们保持安静 5 分钟，然后自由活动。

蒙台梭利小贴士

- 让孩子和小朋友们一起来玩这个游戏，父母也可以加入其中。
- 在游戏过程中，如果某个孩子没有按照指令做，父母可以提醒他："大家仔细听一听，谁还在说话？嘘，快像我们这样做。"反复练习这个游戏，逐步延长肃静时间。

小球弹呀弹

——学会互相配合

听一听蒙台梭利怎么说

有一次，一位阿根廷大使突然到蒙台梭利学校参观。因为他之前从别人那里听说，蒙台梭利学校的孩子不仅可以自己读书写字，而且不需要老师特别管教就能保持良好的纪律。他对此表示怀疑，于是用突然来访的形式验证自己的疑问。可是不凑巧，他来的那天正好遇到学校放假。正当他抱怨连连时，一个正在院子里玩耍的孩子看见了他。蒙台梭利的学校就坐落在工人街区，学生们都来自这里的工人家庭。那个孩子猜到大使想要参观学校，于是对他说："您别担心，钥匙就放在学校的看门人那里，而且我现在可以叫我的同学们来学校。"很快，学校的门被打开了，孩子们也来到了学校，大使顺利地参观了学校。这件事一直到第二天才传到老师们的耳中。

通过这件事，我们深刻感受到了孩子强大的群体意识，他们懂得互相配合，充分发挥群体的力量，不仅展现出自身的能力，而且完全消除了那位大使对学校的疑虑。所以，建议广大成人应该有目的地培养孩子的集体意识，让他们学会互相配合。

做一做蒙台梭利小游戏

- **游戏名称：** 小球弹呀弹
- **难度指数：** ★★☆☆☆
- **游戏目的：** 让孩子学会互相配合

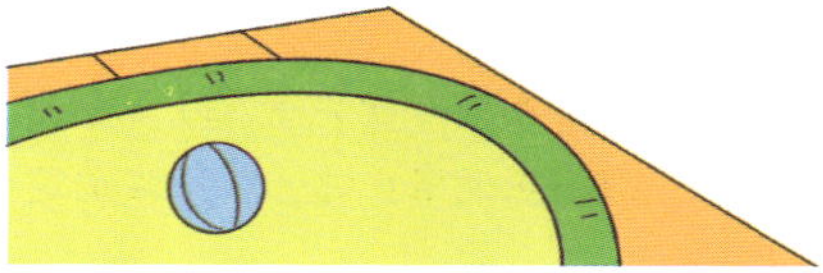

step 1 准备一只小皮球，和孩子面对面站在一块空地上，间隔距离保持在 1 米～ 2 米即可。

step 2 将皮球轻轻抛向孩子，让孩子伸手去接；接到球后，再让孩子抛回来。

step 3 当孩子熟悉抛接球后，换一种抛球方式，将球在地上弹一下，然后让孩子接。

step 4 让孩子用同样的方式将球抛回来。反复练习，直到孩子能够和父母熟练配合为止。

蒙台梭利小贴士

- 闲暇之余让孩子和小伙伴一起来玩这个游戏，可以有效提高孩子之间的合作能力。
- 父母也可以利用日常生活中的点点滴滴来训练孩子的配合能力，例如，和孩子一起抬东西、一起叠床单等。

火车钻山洞

——能和多人配合

做一做蒙台梭利小游戏

- **游戏名称：** 火车钻山洞
- **难度指数：** ★★★☆☆
- **游戏目的：** 让孩子学会和多人配合

step 1 挑选两名孩子，让他们面对面站立，用双臂搭起一个人字形的山洞。

step 2 让其他孩子排成一队，依次从“山洞”中通过，绕一个圈后回到原点。

step 3 当最后两个孩子通过“山洞”后，迅速组成一个新的“山洞”，原来的两个孩子则变成“火车尾”，从山洞中通过。

step 4 以此类推，让每个孩子都有机会扮演“火车”和“山洞”。

蒙台梭利小贴士

- 这个游戏非常适合许多孩子一起玩儿。
- 为了方便孩子做这个游戏，最好找一个空旷、平坦的地方。
- 如果孩子的人数比较多，可以让他们多组几个山洞，这样能有效促进孩子之间的合作。

寻找小猫咪

——懂得互相帮助

听一听蒙台梭利怎么说

与成人不同，孩子不会随便向他人提供帮助，只有当他们认为对方真正需要帮助时，他们才会有所行动。孩子懂得尊重他人的努力，例如，一个孩子正在搬动某个重物，其他孩子则不会插手，对他们来说，在这种状况下提供的帮助是没有意义的。他们有一种本能，可以很好地辨别出其他人是否真的需要帮助。

一天，“儿童之家”的一个小男孩无意中将教具打翻在地，为此，他要负责将所有的东西捡起来，并按照原来的样子整理好。这个时候，一只乐队正从街上穿行而过，其他孩子纷纷跑去观看，只剩这个小男孩待在原地。尽管他十分渴望观看乐队，但是他的内心有一个声音在提醒他，必须先将所有的物品整理好才能去，所以他着急地大哭起来。不一会儿，他的哭声引起一些孩子的注意，大家开始陆续跑回来帮他收拾物品。

我们应该看到孩子内心深处的美好，并通过恰当的方式来引导他们的行为。

做一做蒙台梭利小游戏

- **游戏名称：** 寻找小猫咪
- **难度指数：** ★★★☆☆
- **游戏目的：** 让孩子学会互相帮助

step 1 准备一个小猫咪玩偶，将它藏在家中的某个地方。

step 2 将小猫咪的特征分别写、画在不同的卡片上，例如，在其中一张卡片上写“褐色的耳朵”，并画上一对褐色的耳朵。

step 3 用同样的方法，将猫咪藏身的地方写、画在卡片上。让孩子们每人挑选一张卡片，想办法将猫咪找出来。

step 4 可以提醒孩子们互相展示自己的图片，综合所有的信息来寻找小猫咪，直到找到为止。

蒙台梭利小贴士

- 这个游戏适合几个小朋友一起玩儿。
- 在绘制卡片时，要尽量简洁、明了，这样有助于孩子快速掌握卡片中的信息。

公交车出发啦

——练习角色分工

听一听蒙台梭利怎么说

如果将有意识的行为和有吸收力的心灵放在一起比较，那么后者更容易将整个社会凝聚起来。在原始社会，人们有“家庭意识或部落意识”，这种意识发展到现在就是我们所说的社会意识。在自然的需要和潜意识的作用下，孩子会受到社会意识的激发，从而产生整体意识。为了让大家更好地了解这种现象，蒙台梭利将它称为“社会单位的凝聚力”。

当孩子意识到自己属于集体的一部分时，他们考虑问题的角度就会逐渐从个人转向群体。为了证明这一理论，华什伯恩用赛艇来作解释，他指出：“赛艇上的人分工合作，齐心协力划动赛艇，尽管他们十分清楚自己不会从这种努力中得到特殊的荣誉，但他们还是为群体贡献出自己的力量。这种凝聚力是社会必不可少的力量，一旦缺失，就会给人类的文明带来灾难。因此，学校应该培养学生的凝聚力。”而儿童正是一个充满凝聚力的群体。我们应该珍惜孩子的这种能力，为他们的成长提供有效的引导和帮助。

做一做蒙台梭利小游戏

- **游戏名称：**公交车出发啦
- **难度指数：**★★☆☆☆
- **游戏目的：**让孩子认识不同的角色，培养社会凝聚力

step 1 准备几把椅子，将椅子排成一列，当作一辆公共汽车。

step 2 和孩子扮演不同的角色，例如，孩子扮演售票员，爸爸扮演司机，妈妈和其他小朋友扮演乘客，等等。

step 3 模仿现实生活，扮演公交车出发及行驶的全过程。“司机”将车停好，“售票员”招呼大家上车，“乘客”向“售票员”买票，大家都坐好后，公交车出发。

蒙台梭利小贴士

- 这个游戏适合全家人或者小朋友们一起玩儿。
- 做游戏的时候，让孩子自由选择喜欢的角色，并发挥自己的想象力加入对话，可以增加游戏趣味性。
- 父母可以将生活中的其他合作场景融入游戏，既可以培养孩子的合作意识，还能让孩子认识社会上的不同角色。

击鼓传球

——提高合作能力

做一做蒙台梭利小游戏

- **游戏名称：** 击鼓传球
- **难度指数：** ★★★★★
- **游戏目的：** 提高孩子的合作能力，同时训练反应力

step 1 准备一只小球和一只小鼓，让大家围成一圈坐好。

step 2 挑选一个人员责敲鼓，用布将他的眼睛蒙起来。

step 3 鼓声响起的时候，大家依次传球，当鼓声停止时，拿到球的人要给大家表演节目。

step 4 接着将相邻的两个人分为一组，同样按照鼓声来传球，哪一组拿到球的次数少，哪一组就获胜。

蒙台梭利小贴士

- 这个游戏适合许多人一起玩儿。
- 要想不拿到球，大家就要保证球在运行过程中顺顺畅畅，因为如果球掉在地上会非常耽误时间，所以大家要配合默契，尤其是分组后，同一组的人更要互相配合。

小记者采访

——关心他人的感受

听一听蒙台梭利怎么说

在孩子眼中，成人是一种特殊的存在，是令人尊敬的对象，他们能够为孩子提供各种需要，无论是物质的，还是精神的。通过模仿成人的活动，孩子认识到人类的行为举止，并逐渐学会生活。正是因为孩子对成人非常敏感，所以他们的生活和行为有很大一部分都受到成人的影响。

成人的言行深深地吸引着孩子的注意力，他们的一言一行就像刻在大理石上的字一样，在孩子的心中留下深刻的印象。因此，成人应该注意自己的言谈举止，认真对待和孩子说的每句话、做的每个动作。每个成人都应该牢记：孩子不仅对我们有着深厚的感情，并且希望听从我们的要求，他们对我们的爱比对其他任何事物的爱都要浓烈。我们要意识到孩子的感情，让他们充满爱地生活。

做一做蒙台梭利小游戏

- **游戏名称：** 小记者采访
- **难度指数：** ★☆☆☆☆
- **游戏目的：** 让孩子学会关心他人的感受

step 1 父母先扮作记者，用纸卷一个圆筒当作话筒，采访一下孩子：“你现在开心吗？感觉怎么样？”让孩子说一说自己的感受。

step 2 然后让孩子扮演小记者的角色，采访父母。父母可以设置各种场景，例如：我感觉头很痛，需要安静地休息一下；我现在很难过，因为我的笔找不到了。

step 3 父母可以请孩子帮忙解决一些小问题，例如拿东西、开门等。

蒙台梭利小贴士

- 除了和父母玩这个游戏外，孩子还可以和小伙伴一起玩儿。这样既能让孩子了解更多人的感受，还有助于人际交往。

爸爸妈妈生病了

——学会爱护家人

做一做蒙台梭利小游戏

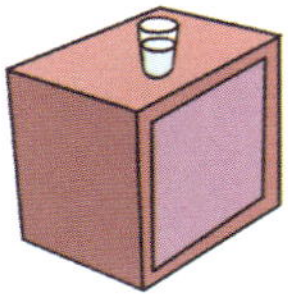

- **游戏名称：** 爸爸妈妈生病了
- **难度指数：** ★☆☆☆☆
- **游戏目的：** 让孩子学会爱护家人

step 1 父母扮演病人，躺在床上休息，并对孩子说：“宝贝，我感觉很不舒服，你能帮我把桌子上的水杯端过来吗？”

step 2 父母可以让孩子摸一摸自己的头，并对孩子说：“我的额头烫不烫？是不是发烧了？”

step 3 父母还可以对孩子说：“我感觉有些饿，你能帮我拿一些食物过来吗？”

step 4 认真观察孩子的行为，看孩子有哪些表现。如果孩子主动关心父母，那么游戏就算收到效果了。

蒙台梭利小贴士

- 一般来说，孩子会模仿父母平日里的做法，这表明孩子已经在心中种下了关怀的种子，只要适当加以引导，就有助于激发孩子的爱心。此外，让孩子自由发挥，父母总会从中发现惊喜。

奶奶累了

——学会尊敬长辈

做一做蒙台梭利小游戏

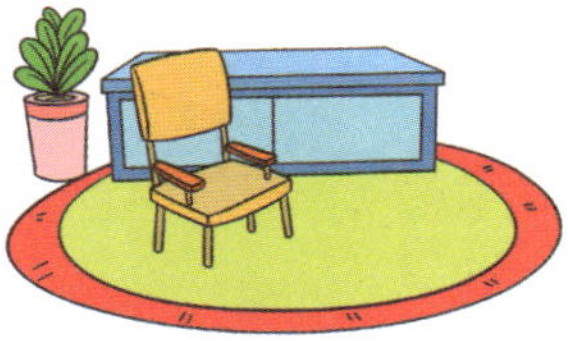

- **游戏名称：** 奶奶累了
- **难度指数：** ★☆☆☆☆
- **游戏目的：** 让孩子学会尊敬长辈

step 1 在屋中准备一把椅子，奶奶和孩子一同站在椅子前，妈妈问孩子：“只有一把椅子，谁来坐呢？”让孩子发表自己的意见。

step 2 妈妈可以对孩子说：“妈妈年轻不怕累，奶奶年纪大了，容易疲劳，我们请奶奶坐椅子好不好？”

step 3 当奶奶坐下后，妈妈继续说：“我们给奶奶捶捶肩吧！”然后和孩子一起为老人捶肩。

step 4 用同样的方法引导孩子做其他事情，例如，帮奶奶拿水杯、报纸等。

蒙台梭利小贴士

- 父母平时带孩子外出时，可以通过一些小事让孩子学会尊敬长辈，例如，在公交车上主动给老人让座，见到长辈主动问好，等等。

1+1 游戏 ——学会分享

听一听蒙台梭利怎么说

蒙台梭利将一些糖果分给学校的孩子，但是孩子们并没有立即接受，而是将糖果装进了口袋。这些孩子的家庭条件都不太好，蒙台梭利想他们这样做的目的或许是想带些糖果回家。于是，她又给他们发了一些糖果，并告诉他们："你们可以将刚才发的糖果带回家，不过现在我给你们发的这些，是给你们现在吃的。"这次，孩子们收下了糖果，但没有马上吃，而是像刚才一样装进了口袋。之后的某一天，一位老师去探望一个生病的男孩，男孩非常感谢老师的关怀，于是送给老师一块糖果，那糖果正是之前蒙台梭利在学校发的。原来孩子并没有吃掉这些糖果，而是将它们珍藏了起来。

有些成人总是认为孩子是自私的，他们占有某样东西后就不会再让其他人触碰。然而事实告诉我们并非如此，孩子的内心潜藏着一种分享的本能，当他们认为必要的时候，会慷慨地奉献出自己的东西。认识到这一点，我们就可以通过合理的方式让孩子的心灵得到升华了。

做一做蒙台梭利小游戏

- **游戏名称：** 1+1 游戏
- **难度指数：** ★★☆☆☆
- **游戏目的：** 让孩子学会分享

step 1 根据人数的多少，准备一些孩子喜欢的食物、玩具和其他物品，将这些物品分给每个人。

step 2 妈妈说：“我有一个苹果，爸爸有一个橘子，我们加起来就有两个水果。”然后妈妈和爸爸一起分享彼此的水果。

step 3 用同样的方法让孩子和其他人相加，并分享出自己的物品。

step 4 最后大家将各自的物品拿出来，加在一起共同分享。

蒙台梭利小贴士

- 这个游戏适合全家人一起玩儿。
- 如果孩子起初不愿分享自己的物品，父母不要强迫孩子，可以给他做示范，让他看到分享的好处。通常来说，当孩子感受到分享的乐趣后，他会主动加入到游戏中来。
- 在日常生活中，父母可以有意识地引导孩子的行为，让他学会分享。

守护蛋宝宝
——激发同情心

听一听蒙台梭利怎么说

如果孩子不小心将花瓶打碎，他会觉得非常难过，因为他觉得自己没有将东西保护好。面对这种情况，许多父母的第一反应是："你把花瓶打碎了！我之前跟你说过多少次，让你不要碰它！"有些父母为了让孩子记住这一教训，还会让孩子将碎片收拾好。然而，孩子对此类事情的反应却截然不同，他们会对打碎花瓶的孩子说："别担心，只要重新再找一个花瓶就可以了。"而且孩子可能还会帮助犯错的人收拾碎片，并将地板擦干净。

要知道，孩子身上有一种本能，会为弱者提供帮助、鼓励和安慰。正是这种本能，为社会的发展提供了有利的帮助。我们应该认识到，为穷苦、弱小的人提供帮助、安慰，是人类进步的一种表现，压迫则与之相反。值得庆幸的是，孩子在幼年时期就具备了这些美好的品质，我们应该保护并引导他们的道德行为。

做一做蒙台梭利小游戏

- **游戏名称：**守护蛋宝宝
- **难度指数：**★★☆☆☆
- **游戏目的：**激发孩子的同情心

step 1 准备几只比较完整的蛋壳，将蛋壳清洗干净、晾干后，和孩子一起画上眼睛、嘴巴，涂上一些漂亮的颜色，将蛋壳做成可爱的蛋宝宝。

step 2 将蛋宝宝分别放在不同的地方，例如水池边、桌子下，房间的角落里。

step 3 和孩子一起寻找蛋宝宝，发现蛋宝宝后对孩子说："蛋宝宝的家太糟糕了，我们给它找一个新家吧！"让孩子将蛋宝宝放在干净、安全的地方。

step 4 用同样的方法找到其他蛋宝宝，并让孩子将它们安置好。

蒙台梭利小贴士

- 在游戏过程中提醒孩子："蛋宝宝很脆弱，我们要轻轻地拿起、放下。"这样有助于激发孩子的同情心。

果皮回家啦

——学会爱护环境

听一听蒙台梭利怎么说

孩子身上潜藏着尊重、爱护、同情等美好的品质，而要引导孩子建立这些人生品格，我们可以利用大自然。在罗马开设的第一个“儿童之家”里，老师为孩子开辟了一块种植园。由于靠近住宅楼，一些居民常向窗外扔垃圾，这使得种植园变成了垃圾场。后来，居民们知道了种植园的事情，就不再乱丢垃圾了，这为孩子们的栽培活动提供了方便。

1939年，蒙台梭利在荷兰的实验学校里饲养了一只山羊。这只山羊习惯抬起前腿进食。一天，蒙台梭利正在喂山羊，一个孩子跑来用手托住了山羊的肚子。原来他觉得山羊用两条腿站立很辛苦，于是用这种方法来帮助山羊。从此事中，我们看到了孩子的善良。

大自然不会白白收取孩子的爱护，它还会带给孩子丰厚的报酬。例如，植物开花结果、动物产下新生命，等等。在与大自然的交往中，孩子的人格将变得更加完善。

做一做蒙台梭利小游戏

- **游戏名称：**果皮回家啦
- **难度指数：**★★★☆☆
- **游戏目的：**让孩子学会爱护环境

step 1 准备一些水果，例如，苹果、橘子、香蕉等。

step 2 将水果的皮削掉或剥掉，随意放在桌子上、地板上，然后将水果切成小块，做成果盘。

step 3 看着桌面和地板上的水果皮，问一问孩子：“哎呀，水果皮跑得到处都是，快叫它们回家吧！”让孩子主动将果皮放入垃圾桶。

蒙台梭利小贴士

- 当孩子将果皮收拾干净后，要记得提醒他洗手。另外，还可以让孩子将水果分给家人，练习分享。
- 无论是在家里，还是在户外，父母都要有意识地培养孩子爱护环境，提高孩子的公德心。

小草不哭

——懂得爱护植物

做一做蒙台梭利小游戏

- **游戏名称：**小草不哭
- **难度指数：**★★★☆☆
- **游戏目的：**培养孩子爱护植物的意识

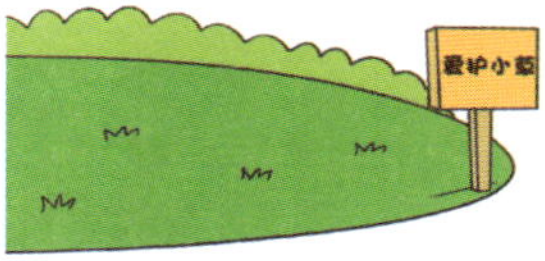

step 1 带孩子到户外散步，路过草坪的时候，将“爱护草坪”的指示牌指给孩子看，并告诉他：“小草很柔弱，不能随便乱踩。”

step 2 和孩子一起蹲在路边，仔细观察面前的小草有什么特点。

step 3 让孩子伸手触摸小草，亲自感受小草的柔弱，这样可以激发孩子内心的同情心。

step 4 如果发现倒伏的小草，可以让孩子将小草“扶”起来，并轻声安慰小草。

蒙台梭利小贴士

- 在家里，父母可以和孩子一起种一些简便、易活的花草，让孩子体会生命的意义，这样有助于激发孩子内心的保护欲。
- 平时父母要培养孩子爱护植物的意识，不要让孩子随意攀折花草树木。

我和小狗交朋友

——培养纯真的爱心

做一做蒙台梭利小游戏

- **游戏名称：** 我和小狗交朋友
- **难度指数：** ★★★☆☆
- **游戏目的：** 培养孩子纯真的爱心

step 1 准备一个小狗毛绒玩具，让孩子用手摸一摸小狗，观察孩子的反应。

step 2 录一段小狗的叫声，让孩子认识小狗的声音。

step 3 准备一些关于小狗的卡片或画册，让孩子认识各种各样的小狗。

step 4 当孩子对小狗熟悉一些后，问一问孩子：“你喜欢小狗吗？和小狗交个朋友吧？”

step 5 如果孩子很喜欢小狗，父母可以让他尝试接触真正的、温和的小狗。

蒙台梭利小贴士

- 在让孩子接触小动物之前，最好先用玩具测试一下孩子的反应，以免孩子对动物存有恐惧感。确定孩子对动物不抵触后，再慢慢让孩子接触真正的动物。
- 父母可以带孩子到动物园，扩展孩子的认知。

分果果游戏

——改善占有欲

听一听蒙台梭利怎么说

人们在生理上会感到饥饿，同样，孩子在心理上也存在饥饿感，而要消除这种饥饿，他们就要通过活动来满足自己的欲望。孩子对周围的环境充满热爱，正是这种“热爱”推动他们从事各种各样的活动。然而，并不是所有的孩子都能够获得这种推动力，那些缺乏推动力的孩子很容易被“物品”吸引，并且想要占有某些物品。因为在孩子看来，拿走物品并将它保存起来是一件非常容易的事情。

如果几个孩子拥有共同的占有欲望，那么他们很容易发生争吵，甚至打架。久而久之，孩子就会形成一种冷酷无情的态度。在儿童道德训练中，我们着重强调一点：不要让孩子对物质产生依赖。如果孩子依赖于某种物品，他们的心灵就会偏离正轨。因此，成人需要对孩子加以引导，以便让他从自身发展的活动中获得前进的动力。

做一做蒙台梭利小游戏

- **游戏名称：** 分果果游戏
- **难度指数：** ★★☆☆☆
- **游戏目的：** 改善孩子的占有欲

step 1 准备一些孩子喜欢的水果，例如西瓜，并将水果切成小块，装在盘子里。

step 2 家人一起围坐在桌前，妈妈可以对孩子说：“这里有好多水果，你能将它们分给大家吗？”

step 3 如果孩子不愿意和大家分享，父母可以用其他有趣的物品来引导孩子，并对孩子说：“我愿意和你玩这辆小汽车，你愿意和我分享你的水果吗？”

step 4 让孩子自行分配水果的数量，当孩子分配完毕后，要对他说“谢谢”。

蒙台梭利小贴士

- 这个游戏适合全家人一起来玩儿。
- 平时，父母要关注孩子的行为，了解孩子的占有欲。如果孩子起初不愿分享自己的物品，父母也不要强迫、指责他，而要用恰当的方法引导孩子的行为。当孩子的心智成熟一些后，占有欲会慢慢得到改善。

我们来工作

——消除神游现象

听一听蒙台梭利怎么说

如果孩子的心灵始终处在游移不定的状态中，那么他就会变得心神不宁、坐立不安。这样的孩子有一个共同点：他们看起来精力充沛，但是行为没有目的性。前一秒他们还在做这件事，下一秒他们却开始关注另一件事，心思缥缈，无法集中在一件事情上。心理学家将儿童的这种表现称为“心理的神游”。

如果孩子处在神游状态中，那么就算成人为他提供各种玩具，他也无法全神贯注地运用理智来使用这些玩具。因此，对孩子来说，这些玩具并没有对他的成长起到实质性的帮助。在蒙台梭利学校里，我们通过工作来帮助孩子消除神游现象。我们发现，孩子的态度变得平静，行为表现出目的性，而且他们会用自己的思想来指挥四肢行动，并能够集中精力观察和认识周围的事物。这表明，孩子的心理发生了巨大的变化，他们摆脱了漫无目的的好奇心理，开始学会探究知识了。

做一做蒙台梭利小游戏

- **游戏名称：**我们来工作
- **难度指数：**★★★☆☆
- **游戏目的：**帮助孩子消除神游现象，培养孩子的专注力

step 1 将玩具放在房间的各个角落，然后列一份玩具名单。

step 2 当孩子想要玩玩具的时候，告诉孩子：“玩具们藏起来了，我们的任务就是将它们找出来。”

step 3 告诉孩子名单上有哪些玩具，它们藏在哪些地方，让孩子将它们找出来。

step 4 当孩子将所有的玩具找出来后，工作就算结束了。孩子可以随意玩这些玩具，但是最后要将玩具整理好。

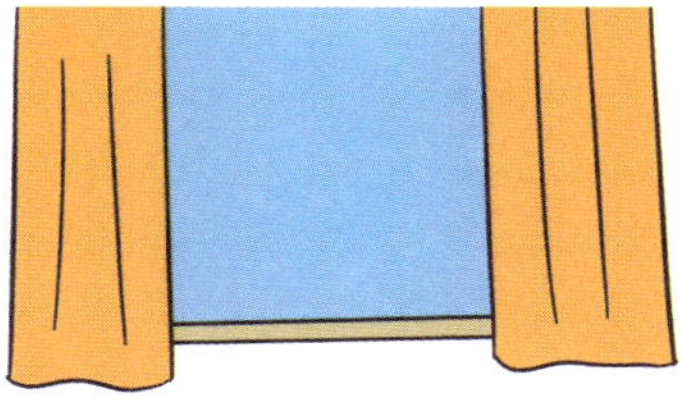

蒙台梭利小贴士

- 在孩子工作的时候，父母不要打扰他，让孩子独自完成任务。
- 父母还可以通过一些生活小事来训练孩子的专注力，让孩子在做每件事的时候都有一个目标，这样有助于消除神游的现象。

说东向西

——调节抵触情绪

听一听蒙台梭利怎么说

不得不说，抵触是一种很难克服的心理。一旦孩子身上出现抵触情绪，那么久而久之，他就会将自己的心封闭起来，使自己和外界隔绝开来。受到这种心理偏差的影响，孩子其他方面的能力会脱离正轨，他不仅会对这个世界感到厌烦，而且无法从学习中获得生存的本领，这对孩子今后的成长十分不利。

抵触心理容易让孩子形成叛逆的性格，这种性格不是单纯地对某件事漠不关心，也不是我们常见的不服从的态度，而是一种消极的、很难掌控的心理防御。心理学家将这种叛逆性格视为一种心理障碍。如果孩子长期受到这种叛逆性格的影响，就会严重阻碍心智的发展。他们会开始抵触某一学科、某个人，甚至抵触整个学校和社会。在这些孩子身上，我们很难看到爱心和友善。如果孩子在幼年时期形成了这种心理障碍，那么他的一生往往都会受到不良影响。因此，我们必须重视这一问题，帮助孩子改善抵触心理。

做一做蒙台梭利小游戏

- **游戏名称：** 说东向西
- **难度指数：** ★★★★☆
- **游戏目的：** 调节孩子的抵触情绪

step 1 这个游戏的规则是，按照指令的相反意思执行任务。例如，爸爸说：“请把房间的门打开。”妈妈则回答：“我要将它关上，不让外人进来。”同时把门关上。

step 2 父母可以对孩子说：“让玩具散在地上。”请孩子回答：“我要将它们收起来，不让它们到处跑。”并让孩子按照自己的话来做。

step 3 父母可以和孩子互换角色，让孩子体会反向做事的感觉。

蒙台梭利小贴士

- 经常玩这个游戏，可以将孩子消极的抵触情绪变成一种积极的工作态度，父母可以利用孩子的逆反心理，将孩子的行为引到正轨上来。

请你帮帮我

——减轻依赖心理

听一听蒙台梭利怎么说

有些孩子爱哭、意志薄弱，看起来没什么活力，稍微遇到一点儿事情就退缩，因此他们对成人的依赖性很强。有些人认为，这些孩子拥有丰富的情感和敏感的心理，需要成人的陪伴，不愿让成人离开自己。表面看来，这些孩子和成人之间的感情非常好，事实上，他们都被同一张网禁锢住了。孩子过分依恋成人，而成人则成了孩子的奴隶。

有时候，这些孩子还十分“好学”，常将“为什么”挂在嘴边，似乎非常渴望获得知识。但当成人在为他们解答疑惑的时候，他们并没有认真听，所以他们常会将一个问题问来问去。而这些孩子之所以这么做，就是希望成人能留在他们身边。

这就形成了一种危险的局面：孩子会因为成人一个微不足道的要求，而将自己的活动抛之脑后，所以是成人在无形之中将自己的意志加在孩子身上。久而久之，孩子就会变懒，进而逐渐丧失活力和创造力。因此，成人必须减轻孩子的依赖心理，让他们获得正常的心理发展。

做一做蒙台梭利小游戏

- **游戏名称：**请你帮帮我
- **难度指数：**★★☆☆☆
- **游戏目的：**减轻孩子的依赖心理

step 1 将书柜中的书拿出来，分好类放在一边。将书重新放回书柜中时，请孩子来帮忙，对孩子说："你能帮我把书递过来吗？"

step 2 晒衣服的时候，请孩子帮忙把衣服展开。如果孩子主动要求挂衣服，可以给他一些衣架，让他尝试做一做。

step 3 讲故事的时候，对孩子说："你能给我讲这个故事吗？"父母和孩子互换角色，由孩子来讲、父母来听。

蒙台梭利小贴士

- 这个游戏非常随意，随时可以和孩子来玩儿。
- 请孩子帮忙做事，能够发掘孩子的潜能，让孩子看到自己的能力，这样有助于减轻孩子的依赖心理。

勤快的小手

——远离懒惰心理

做一做蒙台梭利小游戏

- **游戏名称：** 勤快的小手
- **难度指数：** ★★★★☆
- **游戏目的：** 让孩子远离懒惰心理

step 1 准备一个可以换装的洋娃娃，将娃娃的衣服脱下来，整齐地放在一边。

step 2 让孩子给娃娃穿衣服，不要给孩子提供任何帮助，让他独立完成。

step 3 给娃娃穿好衣服后，对孩子的行为进行鼓励，并让他在以后的生活中自己穿衣服。

蒙台梭利小贴士

- 在日常生活中，父母要尽可能让孩子独立完成一件事，例如，吃饭、穿衣等，不要代劳所有的事情。
- 父母还可以鼓励孩子做一些简单的家务，如扫地、倒垃圾等，让孩子养成勤劳的好习惯，避免懒惰心理滋生。

我来赞扬你

——学会尊敬强者

听一听蒙台梭利怎么说

在学校中，我们经常会从孩子身上看到一些不可思议的事情，例如他们对强者表现出来的尊敬。我们是在一群正在学习写字的孩子身上看到这一点的。当其中一个孩子写下第一个字的时候，其他孩子表现得十分高兴，他们向那个孩子投去崇敬的目光，并且更加努力地学习，还不时地自言自语：“我也能做到。”很显然，孩子们的学习热情被第一个孩子取得的成就激发出来了。当所有的孩子都学会写字后，他们兴高采烈地举着自己写的东西，一边欢呼一边让老师看。

在整个学习过程中，孩子们不仅没有嫉妒第一个成功的孩子，反而还对所有有能力的孩子表示赞扬。通过这个例子我们发现，当孩子的情感发展到某种高度的时候，他们会受到一些好事的感染，这对于他们的个性发展具有良好的促进作用。

做一做蒙台梭利小游戏

- **游戏名称：**我来赞扬你
- **难度指数：**★★☆☆☆
- **游戏目的：**激发孩子内心的学习欲望，让孩子学会尊敬强者

step 1 准备一张纸，在纸上画一个圆形，然后让孩子发挥想象力，将圆画成其他的图案。

step 2 热情地称赞孩子的表现：“你真厉害，你真棒！”

step 3 让其他小朋友在孩子画好的图案上继续作画，将图案变得更漂亮，然后让孩子称赞对方：“你真厉害，你真棒！”

step 4 给孩子们提供充足的表现空间，让大家互相学习、互相称赞。

蒙台梭利小贴士

- 这个游戏非常适合几个小朋友一起玩儿，对激发孩子的学习热情具有显著效果。
- 在日常生活中，父母要对孩子的优秀表现给予恰当的赞扬，并鼓励孩子赞扬其他小朋友，向更优秀的人学习。

点名游戏

——克制急躁的行为

听一听蒙台梭利怎么说

一位拥有10年教育经验的女老师，将自己的班级管理得井然有序，而且还常常向孩子们提一些小建议。她告诉蒙台梭利这样一件有趣的事：一天，这位女老师对班里的孩子说："将所有物品整理好！请大家在放学回家前完成这件事。"当她刚刚说出"将所有物品整理好"这半句话时，孩子们就马上行动起来，一直到她把后半句话也说完，孩子们才停止自己的动作。

由此可见，孩子已经具备了较高的服从意识，但是他们还不能很好地控制自己的行为，表现得有些急躁。为了让孩子学会控制急躁的行为，我们用到了"点名"游戏。在这个游戏中，被点名的孩子要轻轻地活动，而没有被点名的孩子要保持耐心，待在原地。我们不难想象，在听到自己的名字前，最后一个孩子需要等待多么久！通过这种训练，孩子们不仅提高了意志力，而且还组成了一个十分优秀的集体。

做一做蒙台梭利小游戏

- **游戏名称：**点名游戏
- **难度指数：**★★★★★
- **游戏目的：**让孩子学会克制急躁的行为

step 1 让孩子们用自己喜欢的事物来给自己命名。

step 2 让孩子们安静地待在同一间屋内，端正地坐好。

step 3 父母在屋外用非常细微的声音来召唤孩子，被点到名字的孩子要轻轻地走出房间，来到大人身边，其他孩子则要保持原来的姿势待在屋内，不能说话。

step 4 为了增加游戏乐趣，父母可以根据孩子的名称编一些有趣的歌谣，例如，“小白兔在哪里？小白兔快出来”。

蒙台梭利小贴士

- 这个游戏适合几个小朋友一起玩儿。
- 在点名的时候，父母要仔细观察孩子的行为，从中了解孩子的自控能力。

小检察官

——缓解怀疑心理

听一听蒙台梭利怎么说

在心理病态症中有这样一种病症：患者总是处在非常烦躁、苦恼的状态中，无法对一件事做出明确的决定。我们将这种表现称为“怀疑癖”。比如，患有“怀疑癖”的人经常怀疑有重要的东西掉在了垃圾桶中，所以不停地翻垃圾桶，还会一遍遍地向他人确认。尽管医生反复告诉他可以放心，可他还是会怀疑自己：“我真的能放心吗？”

事实上，这种现象有时候会发生在正常人身上。有的人外出时本来锁好房门了，却在一段时间后产生怀疑，于是又返回家中查看确认。不只是成人，孩子也会出现这种“怀疑癖”。有的孩子在睡觉前会先查看一下床底，确认什么也没有后才爬上床睡觉，但是不一会儿他们还会重新确认几次。如果孩子长期处在一种怀疑状态中，那么他的整个机体将变得十分虚弱。因此，我们必须帮助孩子走出这种病态的境地。

做一做蒙台梭利小游戏

- **游戏名称：**小检察官
- **难度指数：**★★★★★
- **游戏目的：**缓解孩子的怀疑心理，带给孩子安全感

step 1 让孩子扮演“检察官”的角色，请孩子帮忙检查周围的环境，问一问孩子：“房门关好了吗？”孩子确认后回答：“关好了，请放心。”

step 2 请孩子监督父母从衣绳上摘衣服，并将衣服整齐地放入衣柜。

step 3 大约 5 分钟后，问一问孩子：“衣服收拾好了吗？”孩子确认后回答：“收拾好了，请放心。”

step 4 用这种方法请孩子确认一些事，让孩子加深“放心”的印象。

蒙台梭利小贴士

- 这个游戏可以为孩子营造安全的家庭环境，对孩子的成长有帮助。让孩子主动“见证”事情的发展，有助于减少孩子心中的疑惑。此外，父母平时要多关注孩子的表现，消除孩子心中的不安。

自己来动手

——控制支配欲

听一听蒙台梭利怎么说

在孩子心中，成人是万能的。当一个偏离正轨的孩子感到自己身边有一个强大的成人时，他很容易根据自己的需要来支配成人，实现一些自己能力达不到的目标。当满足孩子第一个愿望后，成人就会发现还有更多的。当他终于意识到孩子的欲望是永无止境的时候，却已经造成了一种难以挽回的局面——孩子变得任性。这时，成人才醒悟过来："我把孩子宠坏了。"

即使是听话的孩子，他们也有支配成人的欲望。如果成人总是妥协，一旦他无法满足孩子的欲望，孩子就会陷入痛苦之中，并且出现一些偏离正轨的问题。不得不说，纠正孩子的任性是一件很困难的事，教导、惩罚都起不到明显的作用。当孩子向成人的威严表示屈服时，尽管表面看起来他们没有受到成人的娇惯，但实际上他们的自然成长受到了阻碍，最终他们也会走向偏离正轨的道路。因此，成人必须学会引导孩子心理的欲望，让他们主动控制自己的支配欲。

做一做蒙台梭利小游戏

- **游戏名称：** 自己来动手
- **难度指数：** ★★★☆☆
- **游戏目的：** 控制孩子的支配欲

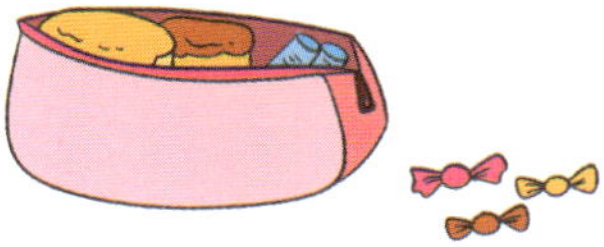

step 1 准备一个书包，在包中装上孩子喜欢吃的食物，然后将包封好，放入柜子中。

step 2 告诉孩子："你最喜欢吃的东西装在书包里，如果你想吃，就从柜子中把书包拿出来吧！"

step 3 如果孩子想要让父母代劳，父母要告诉他，他必须自己去拿，并且要自己解开书包的封口，将食物取出来。

蒙台梭利小贴士

- 父母可以适当将书包放得高一些，让孩子刚刚能够到，这样还可以训练孩子的意志力。
- 除了食物，父母还可以用其他物品来吸引孩子的注意力，不过这些物品一定要是孩子感兴趣的东西。

我带你参观

——培养自信

听一听蒙台梭利怎么说

有时候，成人会在无意识的状态下对孩子流露出轻视的态度。尽管成人内心觉得自己的孩子很好，但是出于对孩子的期望，他们会表现得非常苛刻，禁止孩子触碰周围的物品或阻碍孩子的活动。如果成人总是带给孩子消极的暗示，指责孩子："你哪儿会做这些啊！"甚至粗暴地训斥孩子，那么孩子就会感觉很受挫，并且认为自己没有能力。久而久之，孩子就会丧失勇气和信心，形成自卑心理，从而严重影响自己今后的成长。

成人应该明白自卑是一种多么危险的心理。自卑感一旦在孩子心中扎根，就会给孩子带来诸多痛苦，例如，胆怯、犹豫不定、爱哭等，严重的话还会让孩子产生绝望的感觉。因此，成人必须改变自己对待孩子的方法，不仅要让孩子多接触周围的事物，还应该引导孩子发掘自己内在的潜力。这对孩子的人格发展起着至关重要的作用。

做一做蒙台梭利小游戏

- **游戏名称：** 我带你参观
- **难度指数：** ★★★★☆
- **游戏目的：** 消除孩子的自卑感，让孩子变得自信

step 1 带孩子到户外，选择一个孩子熟悉的场所，例如小区里的公园，让孩子扮演“导游”的角色。

step 2 父母可以对孩子说：“你能带我参观一下这里吗？”然后让孩子带父母到他熟悉的地方去。

step 3 参观结束后，父母要对孩子说：“你真棒！现在你能带我回家吗？”请孩子找出回家的路。

蒙台梭利小贴士

- 平时父母应该多让孩子接触周围的人和事，培养孩子的自信心。
- 当家里来客人的时候，父母也可以让孩子带着客人参观自己的家，这样也可以达到培养孩子自信心的目的。

营救洋娃娃

——训练胆量

听一听蒙台梭利怎么说

许多人认为，孩子会恐惧是一种正常的表现。事实上，恐惧也是一种偏离正轨的心理。一般来说，孩子会感到恐惧是和他所处的环境有关。我们发现，即使是勇敢、活泼的孩子，有时候也会表现出恐惧的心理。这往往与他们以前见到的一些事物有关，那些事物在他们看来很神秘、奇怪，让他们感觉无法战胜。有的孩子害怕过马路或害怕看到某些动物，就是出于这种原因。

有时候，成人为了让孩子服从自己，会利用孩子对某些事物的恐惧来吓唬他们。这种做法是非常不可取的，这样做会强化孩子对恐惧的印象，在孩子的心里留下阴影。要帮助孩子消除潜意识中的恐惧，我们应该让孩子学会接触现实，让他们对自己所处的环境有一个全面的认识。只要通过正确的方式来引导孩子，就可以让孩子的发展回归正常化。

做一做蒙台梭利小游戏

- **游戏名称：**营救洋娃娃
- **难度指数：**★★★★☆
- **游戏目的：**训练孩子的胆量

step 1 这个游戏适合在晚上玩儿。在游戏开始之前，打开卧室的灯，将洋娃娃放在房间的最里面。

step 2 和孩子站在卧室门口，让孩子看到洋娃娃的位置，并让孩子仔细观察房间，以确定房间内很正常。

step 3 将灯关掉，并对孩子说：“天黑了，洋娃娃怕黑，快去将它救出来吧！”

step 4 当孩子把洋娃娃带出来后，要给予赞扬：“你真勇敢！”

蒙台梭利小贴士

- 在游戏开始前，先让孩子在开灯的情况下确认房间的环境很重要，这样可以培养孩子谨慎的态度，并适当消除了孩子对黑暗的恐惧。经常玩这个游戏，还能为孩子今后一个人睡打下基础。

谁拿了我的东西

——改掉说谎的毛病

听一听蒙台梭利怎么说

说谎是一种非常严重的错误行为，它类型繁多，能够伪装成多种形态。心灵纯洁的孩子有时会用真诚做伪装来说谎。心理学研究告诉我们，这些孩子之所以会说谎，是因为他们的内心处于一种紊乱状态，事实上，他们是想说真话的。在日常生活中，正常的孩子也会出现说谎的现象，他们的谎言可能是对某种事物产生的幻想。而有些软弱、胆怯的孩子会将说谎当作一种防御手段。

可以说，欺骗是孩子在幼年时期出现的一种智能现象，随着心智的成熟，这种欺骗也会慢慢变得有条理。成人应该意识到这一点：我们不应该只想着如何与孩子的谎言做斗争，还应该关注孩子说谎的原因。虽然说谎的行为不会自行消失，也无法被转变，但是我们能够改造它。让孩子的精神保持自由，用清晰的思维和现实相结合，并始终向往善良、崇高等美德，这样孩子的心灵将会得到良好的改造。

做一做蒙台梭利小游戏

- **游戏名称：** 谁拿了我的东西
- **难度指数：** ★★★★★
- **游戏目的：** 让孩子改掉说谎的毛病

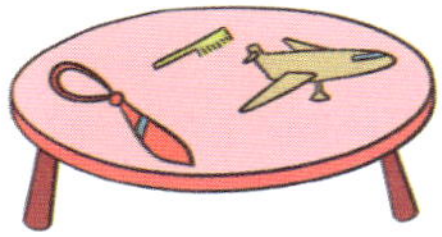

step 1 这个游戏适合家人和孩子一起玩儿。每个人准备一件物品，并将物品集中放在一起。

step 2 所有人回避，然后其中一个人在没有其他人监视的情况下，挑选一件物品藏起来。每个人都用这种方法藏一件物品。

step 3 所有物品藏好后，大家回到原地，并开始提问：“谁拿了我的东西？”

step 4 如果有人回答，提问的人就按照对方的回答去找，找到物品后，夸赞对方：“你很诚实。”如果有人撒谎，就请他重新回答，直到说真话为止。

蒙台梭利小贴士

- 在游戏中，父母可以设置一些场景，例如，爸爸故意说谎，让孩子因找不到物品而着急，让他感受一下说谎带来的后果，这有助于孩子改掉说谎的毛病。
- 日常生活中，父母要时刻注意孩子的言行，如果发现孩子说谎，要用正确的方式引导他，让他意识到自己的行为不妥。此外，父母要给孩子树立诚实的榜样。

图书在版编目（CIP）数据

0～5岁儿童优秀性格培养 / 蒙台梭利丛书编委会编译. — 北京: 中国妇女出版社, 2014.1

（家庭中的蒙台梭利早教游戏）

ISBN 978-7-5127-0614-9

Ⅰ. ①0… Ⅱ. ①蒙… Ⅲ. ①性格—培养—学前教育—教学参考资料 Ⅳ. ①G613

中国版本图书馆CIP数据核字(2013)第239634号

0～5岁儿童优秀性格培养

作　　者： 蒙台梭利丛书编委会　编译
选题策划： 姜　喆
责任编辑： 王　琳
封面设计： 柏拉图
版式设计： 天露霖
责任印制： 王卫东
出版发行： 中国妇女出版社
地　　址： 北京东城区史家胡同甲24号　　邮政编码：100010
电　　话：（010）65133160（发行部）　　65133161（邮购）
网　　址： www.womenbooks.com.cn
经　　销： 各地新华书店
印　　刷： 北京通州皇家印刷厂
开　　本： 185×210　1/24
印　　张： 4.5
字　　数： 100千字
版　　次： 2014年1月第1版
印　　次： 2016年5月第4次
书　　号： ISBN 978-7-5127-0614-9
定　　价： 19.80元